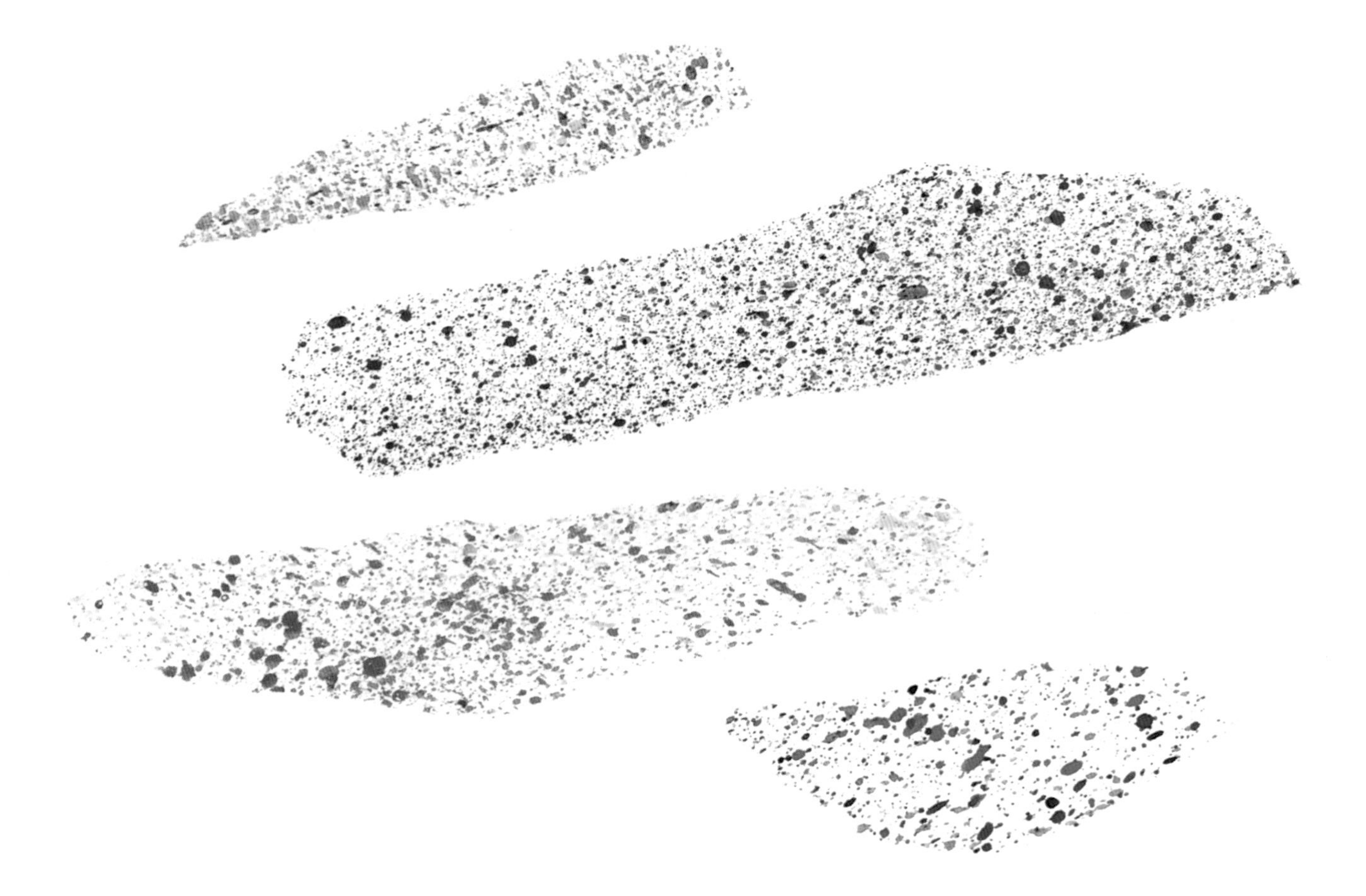

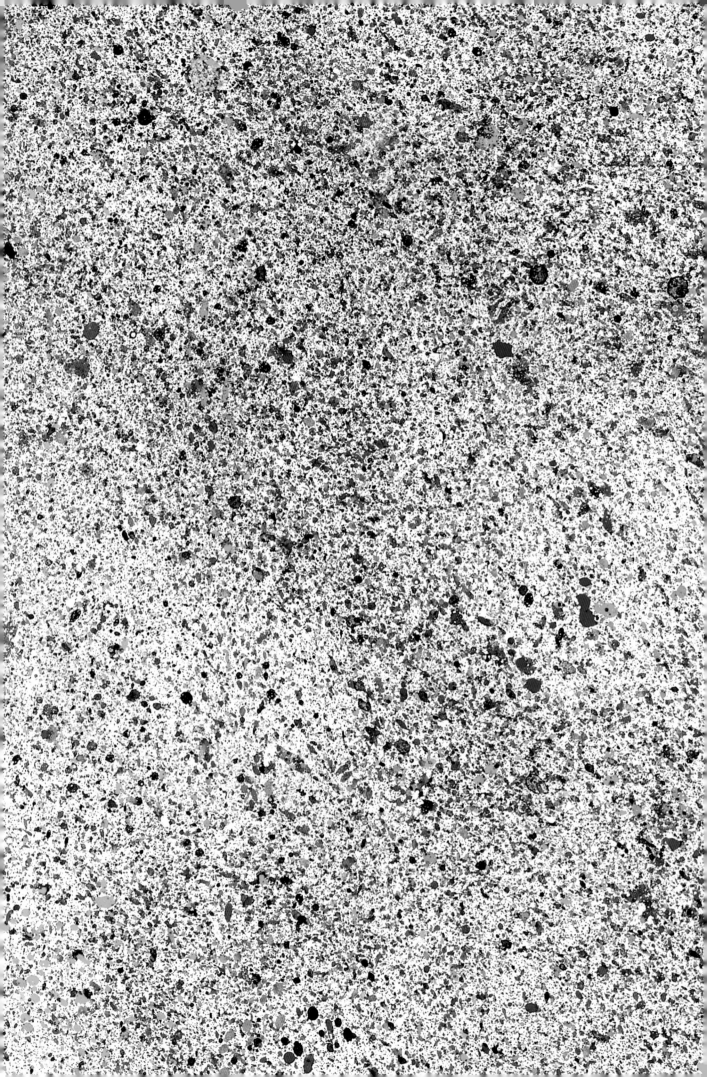

Para Ann Beneduce

Eric Carle

La semillita

SIMON & SCHUSTER LIBROS PARA NIÑOS
Nueva York Londres Toronto Sídney Nueva Delhi

Es el otoño.
Sopla un viento fuerte que arranca las semillas de las flores, las levanta alto en el aire y las lleva a tierras distantes. Una de las semillas es pequeñita, mucho más pequeña que las demás. ¿Podrá seguirles el paso? ¿Y adónde van todas las semillas?

Una de las semillas vuela más alto que las demás. ¡Sube y sube!
Vuela demasiado alto y los cálidos rayos del sol la queman.
Pero la semillita sigue su andar con las demás.

Otra semilla cae en una montaña alta y helada. El hielo nunca se derrite y la semilla no puede crecer. El resto de las semillas sigue el vuelo. Pero la semillita no vuela tan rápido como las demás.

Ahora vuelan sobre el océano. Una semilla cae al agua y se ahoga. Las otras siguen su vuelo con el viento. Pero la semillita no vuela tan alto como las demás.

Una semilla cae en el desierto. Hace un calor seco y la semilla no puede crecer. Ahora la semillita vuela muy bajo, pero el viento la empuja con las demás.

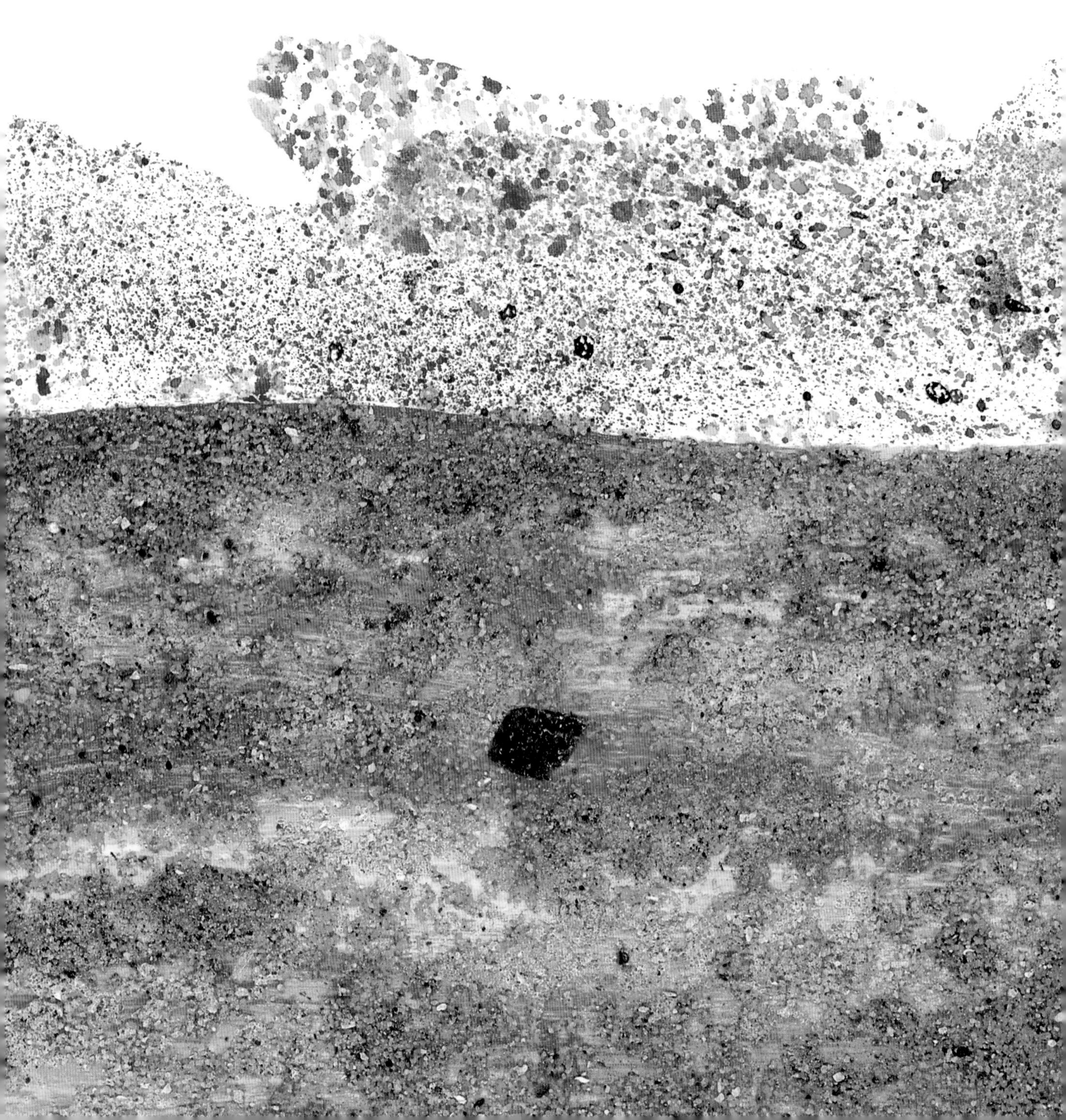

Por fin el viento amaina y las semillas caen suavemente al suelo. Un pájaro viene y se come una semilla. Pero no se come la semillita. Es tan pequeña que el pájaro no la ve.

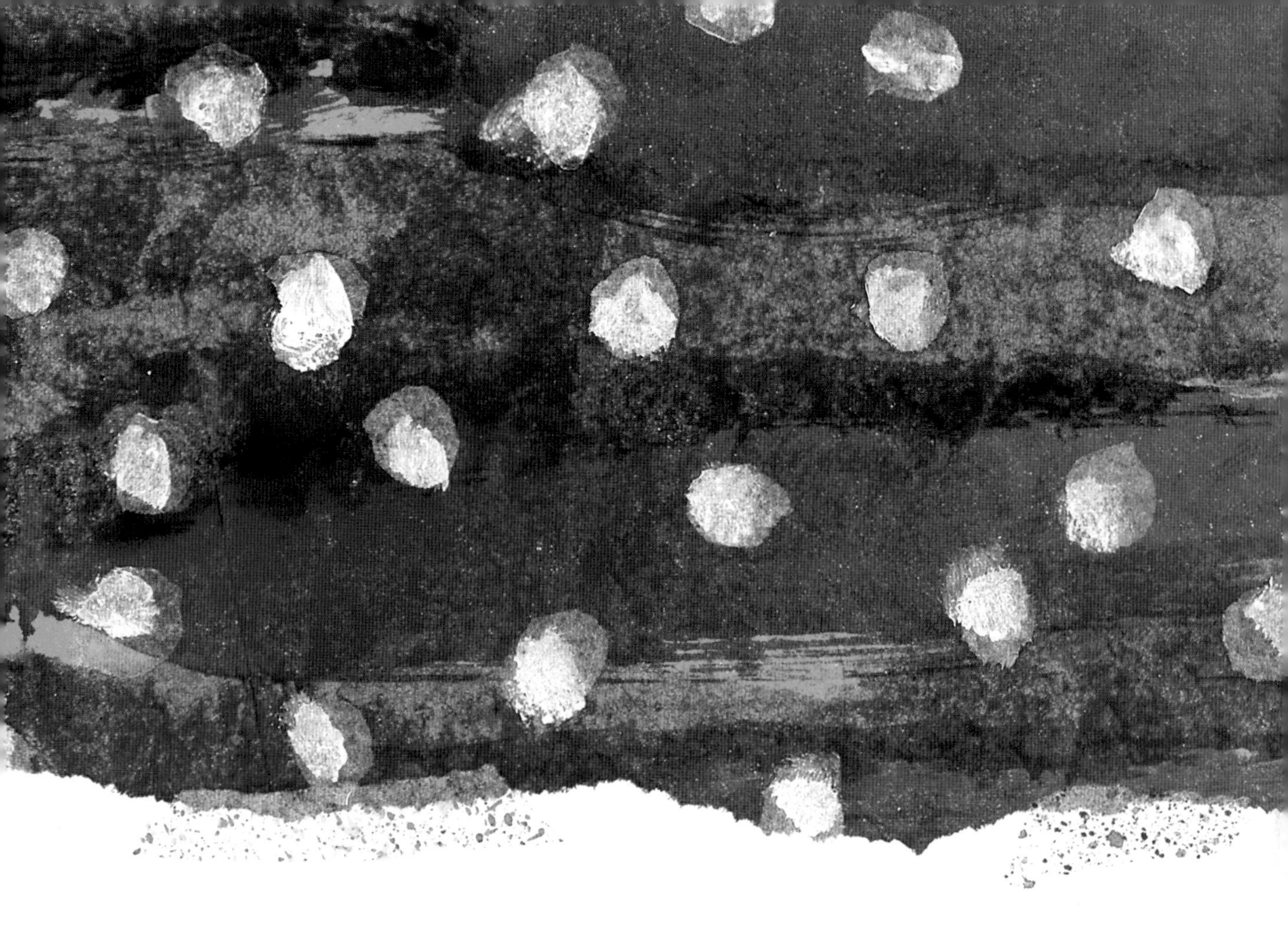

Ahora es invierno.
Luego de su largo viaje, las semillas se asientan. Parece como si fueran a dormir bajo tierra. La nieve cae y las cubre como una suave manta blanca. Un ratón hambriento que también vive bajo tierra se almuerza una semilla. Pero la semillita se queda muy quieta y el ratón no la ve.

Ahora es primavera.
Luego de varios meses, la nieve se ha derretido. ¡De veras es primavera! Los pájaros vuelan. El sol brilla. Cae la lluvia. Las semillas han crecido tanto que comienzan a brotar un poco. Ahora ya no son solo semillas. Son plantas. Primero envían sus raíces bajo la tierra. Luego sus pequeños tallos y hojas comienzan a crecer hacia arriba, rumbo al sol y el aire. Hay una planta que crece mucho más rápido que las nuevas plantas. Es una mala hierba enorme. Y le quita toda la luz solar y la lluvia a una de las nuevas plantas más pequeñas.
Y esa pequeña planta muere.

La semillita todavía no ha comenzado a crecer. ¡Será demasiado tarde! ¡Apúrate! Pero por fin comienza a crecer y convertirse en una planta.

El clima cálido también hace que los niños salgan a jugar. Ellos también han estado esperando por el sol y la primavera. Un niño no ve las plantas mientras corre y… ¡oh! ¡Rompe una! Ahora esa planta ya no puede crecer.

La pequeña planta que creció de la semillita está creciendo muy rápidamente, pero su vecina crece mucho más rápido. Antes de que la pequeña planta tenga tres hojas, ¡la otra planta ya tiene siete! Y ¡mira! ¡Un capullo! ¡Y ahora incluso tiene una flor!

Pero, ¿qué está pasando aquí? Primero se escuchan unas pisadas. Luego una sombra se cierne sobre las plantas. Luego una mano se acerca y toma la flor.

Un niño ha arrancado la flor para regalársela a una amiga.

Es verano.
Ahora la pequeña planta que creció de la semillita está sola.
Crece y crece. No para de crecer. El sol le da la luz y la lluvia le da el agua. Tiene muchas hojas. Crece muchísimo. Es más alta que la gente. Es más alta que los árboles. Es más alta que las casas.
Y ahora le crece una flor. La gente viene de todos los confines a mirar su flor. Es la flor más alta que han visto. Es una flor gigantesca.

Durante todo el verano, los pájaros y las abejas y las mariposas vienen a visitarla. Nunca han visto una flor tan grande y tan bella.

Ahora es otoño otra vez.
Los días son más cortos. Las noches son más frías. Y el viento arrastra hojas rojas y amarillas que pasan cerca de la flor. Algunos de los pétalos de la flor gigantesca se caen y son llevados por el viento, junto a las hojas de colores brillantes, a tierras lejanas hasta caer al suelo.

El viento sopla fuerte. La flor ha perdido casi todos sus pétalos. Se mece y se dobla con el viento. Pero el viento es cada vez más fuerte y sacude a la flor. El viento vuelve a sacudir a la flor, y esta vez las vainas de la flor se abren. De las vainas salen muchas semillitas que rápidamente vuelan lejos con el viento.

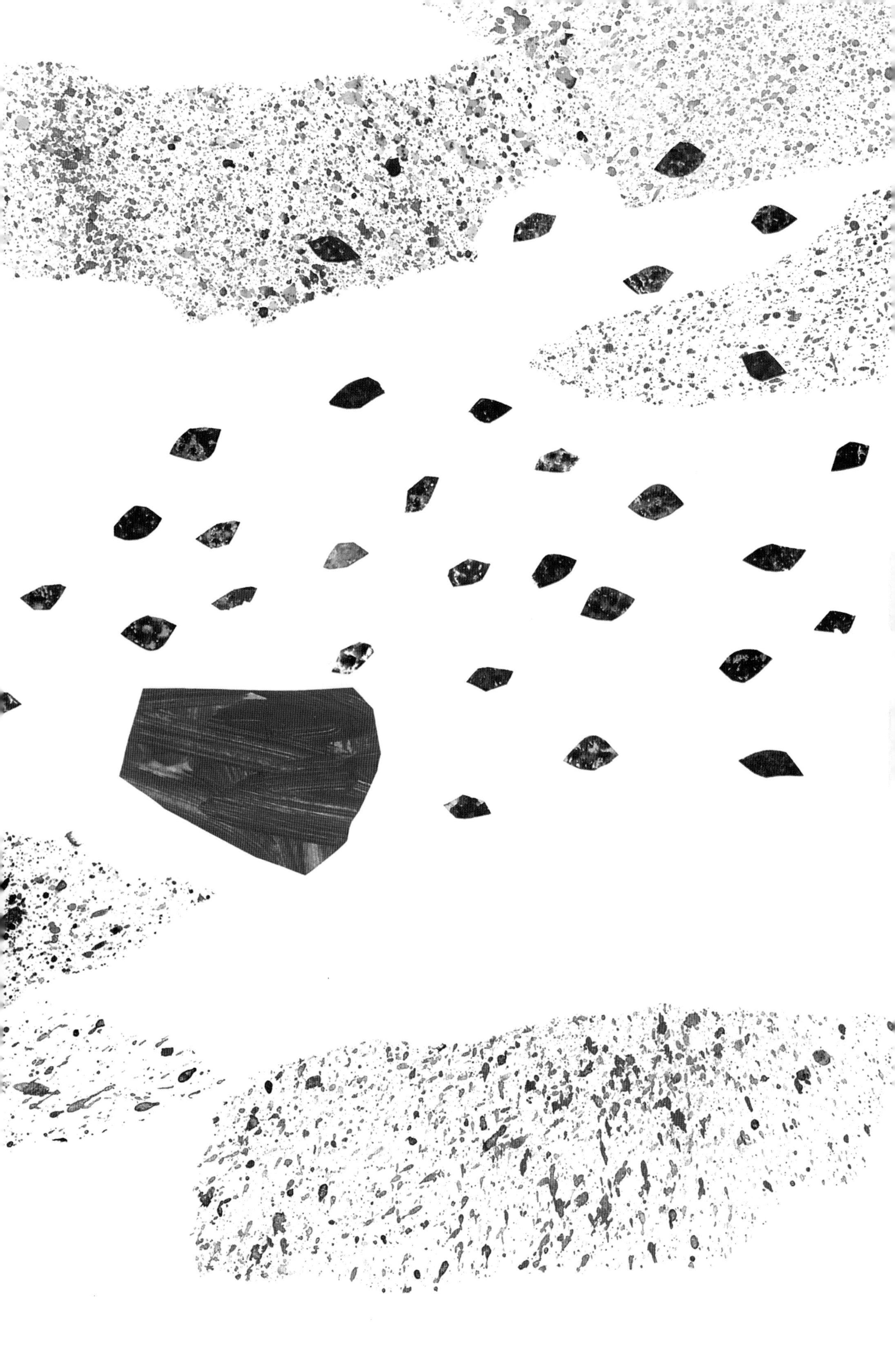

 SIMON & SCHUSTER LIBROS PARA NIÑOS
Publicado bajo el sello editorial de la División Infantil de Simon & Schuster
1230 Avenida de las Américas, Nueva York, Nueva York 10020
Primera edición en español, 2016

Traducción de Alexis Romay
Para obtener información respecto a descuentos especiales en ventas al por mayor, diríjase a Simon & Schuster Special Sales a 1-866-506-1949 o a la siguiente dirección electrónica: business@simonandschuster.com.
Fabricado en China 0322 SCP
10 9 8 7 6
ISBN 978-1-4814-7834-2